VUES
D'UN PATRIOTE,
OU
NOUVELLES BASES POLITIQUES.

Vis consili expers mole ruit suâ :
Vim temperatam Dî quoque provehunt
In majus.

HORAT. Lib. III, Od. IV.

A AVIGNON;

Et se trouve,

A PARIS,

Chez MORIN, Libraire, rue Saint-Jacques, à la Vérité.

M. DCC. LXXXV.

AVANT-PROPOS.

JE le dis après Monteſquieu : *SI JE POUVOIS FAIRE EN-SORTE QUE CEUX QUI COMMANDENT AUGMENTASSENT LEURS CONNOISSANCES SUR CE QU'ILS DOIVENT PRESCRIRE, ET QUE CEUX QUI OBÉISSENT TROUVASSENT UN NOUVEAU PLAISIR A OBÉIR, JE ME CROIROIS LE PLUS HEUREUX DES MORTELS*. J'emprunte du Génie la maniere d'exprimer un ſentiment que je trouve dans mon cœur : je n'aurai que la mienne dans un Ouvrage que ce ſentiment ſeul a dicté.

VUES D'UN PATRIOTE, OU NOUVELLES BASES POLITIQUES.

DISTRIBUTION ET PLAN DE L'OUVRAGE.

PRÉPARER la libération de l'État, les progrès de sa puissance, & notre félicité, c'est le but qu'on se propose.

Nos préjugés nous éloignent chaque jour de ce but, & nous en éloigneroient éternellement : franchir la barriere pour les combattre, étoit un devoir du citoyen & du sujet fidele.

On a gardé, en les combattant, tous les ménagemens que la Vérité pouvoit comporter sans rien perdre de sa force : on n'a pas dû en garder d'autres dans un ouvrage qui tend à éclairer notre raison ſur le point le plus important de notre exiſtence. Il eſt formé de trois parties.

La premiere, diviſée en quatre chapitres, offre ſucceſſivement le principe ou *moyen générateur* d'un nouvel ordre de choſes; une eſquiſſe de ſes réſultats; les meſures qui aſſureroient leur ſtabilité & leurs progrès; un calcul raiſonné de leur combinaiſon avec le produit des Fermes.

La deuxieme démontre l'eſſence du Domaine & les avantages de ſon aliénation.

La troiſieme indique un impôt ſupplétif de la Capitation, de la Taille, des Vingtiemes, des Aides, des Traites & Péages, &c.

Des notes relatives à chaque partie offrent les obſervations, les principes & les faits qu'on n'eût pu fondre dans leur enſemble reſpectif, ſans changer la maniere animée & rapide dont il devoit être jeté pour être avec plus de facilité & plus sûrement ſaiſi. Qui voit nettement la vérité, & ne voit qu'elle, y mene par le plus court chemin.

PREMIERE PARTIE.

CHAPITRE PREMIER.

Principe ou moyen générateur.

NOUS avons un ſol fertile, l'activité, l'induſtrie, un numéraire de deux milliards, tous les moyens d'être heureux, & nous ne le ſommes pas : une dette réduite en divers temps, & toujours accrue, malgré la progreſſion des impôts, rend ces moyens nuls & nous accable.

Nous ceſſerons d'en ſentir le poids, du jour où un Édit, ſollicité par notre raiſon, *aura converti en capitaux au denier 25, exempts de retenues & ſucceſſivement payables aux Porteurs, tous les capitaux de rente ſur l'État au denier 40; aſſigné en même-tems, pour leur extinction, un fonds annuel ſur ſes revenus courans;*

& pourvu tout à la fois à ce que leur remboursement successif, & le payement de leurs intérêts soient faits, à des termes préfix, par un Trésorier à Paris, & par ses Commis dans les ports & les principales villes du Royaume (1).

Ainsi, un contrat de 2000 liv., portant une rente de 50 liv., seroit, par cette conversion, réduit à un capital de 1250 liv., portant la même rente; conséquemment la somme de tous les capitaux au denier 40, en supposant qu'elle soit de deux milliards, seroit réduite à 1250

(1) Il seroit nécessaire, pour donner aux nouveaux contrats & à leurs coupons l'impulsion & le jeu dont ils seroient susceptibles, que les Porteurs, qui voudroient en être payés dans les Provinces, fussent astreints à les déposer, dix, quinze, vingt jours, ou même un mois avant leurs échéances respectives, selon l'éloignement des lieux, ès mains des Commis du Trésorier; & d'astreindre réciproquement ces derniers à leur fournir des reconnoissances libellées de dépôt équivalentes à leur montant. Les Commis, instruits, par ce moyen, des sommes qu'ils auroient à payer, en instruiroient le Trésorier, qui feroit passer ou remettre à chacun d'eux les fonds qu'il auroit demandés pour acquitter les parties dont il se seroit chargé.

millions (2). Le plus beau jour commence par un crépuſcule.

Ce qu'y gagneroient les Rentiers ne ſeroit pas borné à l'exemption des retenues, & à la facilité de recevoir par eux-mêmes leurs rentes ſans frais, ſans retards, & ſans riſques, à Paris, ou dans les Provinces (3) : ils y gagneroient, de plus, avec la faculté de diſpoſer de leurs capitaux, à chaque inſtant, en totalité ou en partie, ſelon leurs projets ou leurs beſoins (4), la certitude d'en être rem-

---

(2) Qu'abſtraction faite des rentes viagères, la maſſe des dettes de l'Etat, la finance de toutes les eſpèces d'offices compriſe, ſoit de 4 milliards 350 millions ; elle ne ſeroit plus, dans cette hypothèſe exagérée, que de 3 milliards 600 millions : la dette nationale de l'Angleterre, montée à 6 milliards 120 millions (272 millions ſterlings,) l'excéderoit de 2 milliards 520 millions.

(3) La partie des nouveaux contrats, provenue de la converſion des capitaux grevés de ſubſtitution, hypothéqués ou ſaiſis, ne ſeroit délivrée à chaque Propriétaire, qu'après les main-levées conſenties par les oppoſans quelconques, ou définitivement ordonnées par les Tribunaux, & reſteroit dépoſée juſqu'alors dans un Bureau établi à cette fin.

(4) Chaque contrat ſeroit une lettre de change *portant*

bourſés à raiſon d'un accroiſſement de douze & demi pour cent au-deſſus des plus hauts prix auxquels ils ayent été portés depuis les époques ſucceſſives de leur conſtitution en rentes à perpétuité (5); & ce qui eſt un bien qu'on ne peut évaluer : *Nous n'aurions plus de fonds morts* (6).

---

profit, & ſes coupons autant d'autres *gratuites*. Il y en auroit de 300 livres pour en faciliter la circulation, & le commerce en ſeroit libre; il le ſeroit conſéquemment d'exiger des Porteurs qu'ils en certifiaſſent la ſincérité par leurs ſignatures. Cette meſure prémuniroit efficacement le Public contre les falſifications.

(5) Les contrats au denier 40, perdoient moitié de leur valeur nominale dans les tems les plus heureux du dernier regne, & n'avoient plus de prix ſur ſa fin : ils perdent aujourd'hui au-delà de 60 pour cent. Ainſi le prix d'un contrat de rente de 50 livres au principal de 2000 livres, loin d'être porté, dans le Commerce, à 1250 livres, ne l'eſt pas même à 800 liv. Les Rentiers médiats gagneroient donc, à l'échange des nouveaux, au-delà de quatre douziémes & demi ſur le prix actuel de leurs capitaux; & la perte des Rentiers primitifs, ſur leurs capitaux originaires, ſeroit moindre d'un huitieme.

(6) L'extinction ſucceſſive des nouveaux contrats, en rehauſſant leur prix chaque année, feroit hauſſer chaque

La circulation des fonds, dit Melon,* (le premier parmi nous qui ait eu des yeux pour le voir) *est une des plus grandes richesses de nos voisins : leurs annuités, leurs banques, leurs actions, tout est en commerce chez eux.*

* Essai politique sur le Commerce.

Nous pouvons tout ce qu'ils peuvent, & nous le pouvons avec une supériorité (7), de laquelle leurs efforts toujours

---

année les prix respectifs de ce qui en resteroit d'autres quelconques au-dessous du denier 25 ; feroit conséquemment chaque année refluer de plus en plus ces derniers dans le Commerce, seulement avec moins d'activité jusqu'aux époques, où une saine Politique exigeroit qu'ils fussent, *les mêmes proportions & les mêmes formes gardées*, simultanément portés à des capitaux circulans, productifs d'une rente au même denier 25. La fixation uniforme de ces capitaux, en diminuant de plus en plus la masse des dettes de l'Etat, fixeroit (c'est le moindre avantage qu'on pût s'en promettre) le taux courant de l'intérêt des especes. Le jour se fera par degrés.

(7) Des contrats au denier 25, adaptés à la célérité des achats, des reventes, des remises d'argent de place en place, de toutes les opérations du Commerce, & de tous les genres d'affaires, perceroient dans tous les Etats commerçans de l'Europe, y fixeroient le taux de l'intérêt. L'Angleterre, pour soutenir le cours de ses

moins mesurés avec leurs moyens naturels, les éloigneront toujours de plus en plus, jusqu'à leur anéantissement. Il est temps que nous le sachions.

La sagesse & la candeur sont sur le trône : nous n'avons besoin, pour assurer notre félicité, que d'y concourir par nos vœux & notre confiance. *Ecoutons la voix qui part de la nue.*

---

effets nationaux, n'auroit donc plus (toute autre cause à part) que la ressource de se hausser & de se mettre à un niveau, qui nous laisseroit toute entiere la supériorité que nous donnent sur elle, l'Ecosse & l'Irlande ensemble, une position & un ciel plus heureux, un sol plus étendu, une plus grande variété de denrées, une population plus nombreuse de deux tiers, un numéraire quintuple de celui qu'on peut compter dans les trois Royaumes, & tout-à-la fois une dette (en l'exagérant) moindre de cinq douziemes: supériorité qu'accroîtroient chaque jour les progrès de notre crédit dans ces Etats, & les progrès de notre commerce dans les deux Hémispheres.

CHAPITRE II.

Esquisse des résultats.

NOUS aurons tous les avantages, lorsque sortant du cercle de nos préjugés, nous nous éleverons à un moyen

De diminuer de 750 millions la masse des dettes de l'État ; & d'augmenter successivement, par la circulation de ce qui en resteroit, ses revenus pour l'éteindre :

D'établir son crédit sur une base fixe ; (1) de ne laisser conséquemment à toutes les classes des citoyens, pour faire valoir l'argent, de voie plus avantageuse &

---

(1) *Que le payement des dettes de l'Etat fût établi sur* une *base fixe*, son crédit n'auroit plus de déclin, ne pourroit plus que monter : Nous ne verrions plus de fortunes scandaleuses s'élever, par des reviremens ténébreux & des manœuvres perfides, sur ses ruines & sur les nôtres ; ni des conjurations d'Agioteurs jouer contre le Public avec des cartes préparées.

plus sûre que celle de lui substituer de nouveaux contrats (2):

De faire rentrer dans le Commerce les sommes déposées judiciairement; & d'en faire tourner les intérêts au profit des débiteurs saisis, & de leurs créanciers:

De faciliter aux Provinces, par l'explosion des espèces, le payement des taxes accumulées sur le sol & sur les têtes (3); de rendre, par cette facilité, au Cultivateur affoibli & abattu la force & l'activité qui lui manquent pour faire valoir pleinement

---

(2) Ce n'est que par une continuité d'emprunts ruineux faits sous diverses formes, que l'Etat peut, même durant la paix, suffire à ses dépenses: & nous avons deux milliards, ou un tiers du numéraire que possede au plus l'Europe entiere! Que nous en revient-il, s'ils ne sont que dans quelques mains, & n'en sortent que pour augmenter continument nos charges!

(3) Il en est des Provinces, où le produit des denrées en argent (les dîmes & les redevances censuelles prélevées) n'est pas, à l'égard du plus grand nombre de leurs malheureux habitans, toujours égal à la somme des taxes!

les terres & pour se reproduire (4); de porter, par cette même facilité, la chaleur & la vie dans toutes les branches de notre industrie :

D'attirer dans le Royaume, comme le centre de l'opulence, des arts, de la liberté, & de toutes les ressources, des habitans de toute l'Europe (5); & de donner à l'État, en peu d'années, plus de nouveaux sujets, que la révocation de l'Édit de Nantes, & les guerres qui ont succédé à cette époque, ne lui en ont fait perdre :

---

(4) Qu'il soit un moyen absolu de faire cesser dans les campagnes l'effroi des répartitions arbitraires de la Capitation, de la Taille, des Vingtiemes; d'y faire cesser à la fois la terreur homicide des saisies-exécutions de la part des Préposés à leur recouvrement: l'adoption d'un tel moyen doubleroit en peu de temps, avec le nombre des Cultivateurs, la valeur & le produit des terres, & seroit une source de richesses plus abondante & plus réelle pour l'Etat, que ne seroit la possession de toutes les mines des deux mondes. Il est important qu'on s'en souvienne.

(5) L'Europe est menacée d'une émigration trop aisée à prévoir: ses habitans n'iroient point chercher au-delà des mers ce qu'ils trouveroient plus près d'eux.

De faire baiſſer ſucceſſivement, par l'extinction graduelle de ſes dettes, le taux de l'intérêt (6); de lui faire trouver conſéquemment, dans tous les cas, ſes reſſources en lui-même.

Les rentes viageres, les loteries, ces fléaux deſtructeurs de ſes reſſorts & de nos mœurs, ſeroient écartés à jamais (7); & l'Adminiſtration, au-deſſus des

(6) L'amortiſſement périodique & aſſuré des dettes d'un Etat quelconque aſſurera de plus en plus ſon crédit, & lui applanira les voies à des emprunts de jour en jour moins onéreux : la raiſon & l'expérience ſe réuniſſent pour garantir la certitude & l'infaillibilité de ce principe. L'Etat ne fût-il pas débiteur, le premier objet d'une Adminiſtration éclairée ſera toujours de faire baiſſer, autant qu'il eſt poſſible, le taux de l'intérêt, pour diriger l'emploi de l'argent à l'extenſion du Commerce, & à l'accroiſſement des productions du ſol, ſeules richeſſes réelles & l'aimant de toutes les autres.

(7) Les rentes viageres briſent les liens du ſang & des affections morales, multiplient les individus paſſifs & les célibataires, en ſurchargeant l'Etat; & le moins déplorable effet des loteries eſt de dévorer la ſubſtance des malheureux, & d'engourdir leur induſtrie, en trompant leurs eſpérances.

besoins, pourroit, rendue enfin à elle-même, ne plus mettre à si haut prix les secours qu'elle prête à l'indigence.

Les mesures, qui assureroient la stabilité & les progrès de ces résultats, ne sont ni compliquées, ni abstraites. Le bon sens n'entend & n'essaye de faire entendre, en politique ainsi qu'en morale, que ce qui est simple comme lui.

CHAPITRE III.

Mesures qui assureroient la stabilité & les progrès de ces résultats.

NOTRE Commerce sera languissant & borné, le Peuple foulé, l'Administration chancelante & précaire, toujours maîtrisée par la nécessité, & toujours dans les fers de l'usure, jusqu'au moment où elle aura adopté un plan fixe de libération, & des principes, qui, en la rendant, & en la ſoumettant tout-à-la-fois à elle-même, puiſſent lui ſoumettre l'opinion, & la fixer invariablement par leur accord avec nos intérets (1). Ce moment ſi long-tems attendu, pourquoi l'attendre encore (2)?

La faveur qu'eurent, ſous le dernier

---

(1) *Nos connoiſſances s'étendent chaque jour, dit-on.* Eh! à quel bien pourroient-elles nous mener, ſi nous ignorions toujours que c'eſt de l'unité d'intérêts dans une Monarchie, que dependent eſſentiellement le crédit public, la puiſſance & la gloire du Monarque, l'élévation du caractère, les mœurs & la felicité des Peuples? ſi ce principe, qui peut ſeul élargir nos ames & nos têtes, ne pouvoit point y penetrer?

. . . . *Quantum eſt in rebus inane!*

Nous ſavons tout, excepté ce qu'il nous importe le plus de ſavoir.

(2) C'eſt le plus grand des malheurs d'un Etat, que le Gouvernement croye ſes maux ſans remede : cette opinion, en bornant la ſphere des idées aux ſeuls moyens d'empêcher qu'ils n'empirent, doit néceſſairement les perpétuer. Les topiques ne guériſſent point les maux internes.

regne, depuis la chûte du ſyſtême de Law, les effets circulans de l'État, tant que leur payement ne fut point retardé, eſt le gage du cours qu'auroient, ſous le regne actuel, des effets d'un commerce plus étendu & plus facile; & dont la ſolidité garantie par un Édit immuable, feroit la baſe & le mobile d'une Adminiſtration indépendante & ſupérieure à tous les événemens. Il ne lui en coûteroit, pour les accréditer, que la peine d'en faire vérifier le montant, & d'aſſigner les fonds deſtinés à l'amortir.

Qu'il fût de 1250 millions, tel que nous l'avons ſuppoſé; & qu'après avoir fixé les événemens d'une guerre, où nous avions ſept ſiecles & l'Univers à venger (3), le Roi, pour établir l'équili-

(3) Il faut ajouter : & la ſeule (*indè mali labes*) dans laquelle, depuis l'expulſion des Anglois, les réunions de la Bourgogne & de la Bretagne, (ou l'époque *vraie* de la Monarchie) les intérêts du Roi & ceux de la Nation ayent été calculés en raiſon réciproque & réellement *identifiés*.

bre des revenus de l'État & de ses charges courantes, ou remplir ses autres vues de sa sagesse (4), eût besoin de 250 millions : la masse active des nouveaux contrats seroit augmentée de ce dernier montant. Une Administration élevée & pure ne craint point de manifester ses voies.

Les 1250 millions passeroient successivement des mains des Rentiers dans le Commerce; & les 250 millions resteroient, sans être à la charge de l'État, jusqu'aux époques respectives de leur emploi, sous la main de cette même sagesse. Leur

(4) Telles, que le rachat des fonds engagés du Domaine, l'entier affranchissement des serfs, & la suppression de tous les offices bursaux quelconques, ou du moins, quant à présent, celle des plus absorbans du suc des Peuples. Il est indifférent pour le Roi, considéré sans relation, de payer aux Pourvus des ces offices, sous la dénomination d'intérêts, ce que Sa Majesté leur paye sous la dénomination de gages; & il est d'une conséquence infinie pour l'Etat de rendre à l'Agriculture, au Commerce, aux Arts, les êtres passifs qui le rongent, l'appauvrissent, & l'énervent; de détruire, autant qu'il est possible, généralement tous ses Vampires.

masse combinée, dans cette hypothèse, s'éléveroit donc à 1500 millions circulans, productifs d'une rente de 60 (5).

Ils seroient numérotés, dans leurs différens degrés de valeur, par nombres ordinaux, depuis N.° I.er jusqu'à tel autre indiqué par l'Édit qui auroit assigné les fonds destinés au payement de leurs intérêts annuels, & à leur remboursement successif. Chaque contrat porteroit en tête l'année de son échéance, & le jour où il seroit amorti. Les plus

---

(5) C'est arrêter les progrès de la prospérité d'un Etat, d'accumuler l'argent durant la paix ; & c'est les détruire dans leur principe, de multiplier les impôts & les emprunts pendant la guerre. Un Etat ne peut donc jouir d'une prospérité constante, s'il ne s'éleve, par un plan immuable de libération, à une supériorité de crédit, telle qu'il puisse, pour avancer le bien, ou pour parer aux maux, remplacer efficacement les especes par des signes représentatifs de leur valeur. Oser dire que notre Constitution ne sauroit s'allier avec un tel plan, est un blasphême qui avilit notre raison & nos ames, injurieux à l'Autorité & à la Nation qu'il dégrade, le plus horrible qui puisse sortir de nos bouches. Que serions-nous, & que seroient nos Rois!

foibles yeux verroient ſans effort la marche de l'Adminiſtration à une ſupériorité, qui mettroit dans ſes mains la balance du taux de l'intérêt, conſéquemment celle du Commerce, le ſort de l'Angleterre, tous les moyens de diminuer chaque jour le poids de nos charges, en augmentant chaque jour la ſomme de nos richeſſes, & en même raiſon le produit des Fermes (6). Il n'eſt plus nuit; mais il n'eſt pas encore jour.

---

(6) *Augmenter les revenus de l'Etat & diminuer le poids de nos charges*, c'eſt là que tout doit aboutir, & où tout aboutiroit. Nous ſommes la ſeule Nation, qui, par ſon caractere actif & induſtrieux, par l'abondance & la variété des productions de ſon ſol, & ſa poſition locale, puiſſe atteindre à ce but. Que de tréſors ſont dans nos mains *la perle dans le bec du coq !*

CHAPITRE IV.

Calcul raiſonné des mêmes réſultats combinés avec le produit des Fermes.

En vain le produit des Fermes ſeroit accru, ſi ſon accroiſſement ne tournoit pas au profit & à la libération de l'État: or, il ne tourneroit ni au profit, ni à la libération de l'État, ſi le plan de Régie qu'on va préliminairement propoſer, pouvoit n'être point adopté (1).

Les Fermiers ſeroient rembourſés de leurs fonds d'avance en reconnoiſſances au denier 20, exigibles aux échéances les

(1) Ce plan fut mis, en 1777, ſous les yeux de la Cenſure, & eût pu, dès l'année ſuivante, voir le jour avec le ſurplus de l'ouvrage, tel qu'il étoit alors. On n'a eu garde d'y rien changer ſous un regne où tout bien eſt poſſible. Il faut donc, pour tout entendre, ſe reporter, en le liſant, à 1777, & ſe repréſenter les choſes, quant aux Fermes, ſur le pied où elles étoient à cette époque.

plus prochaines, comme la dette la plus onéreuse (2); & leur bail seroit résilié. Une loi, à laquelle toutes les autres doivent ressortir & se ployer : LE BIEN PUBLIC LE VEUT AINSI (3).

---

(2) Ces reconnoissances préalablement acquittées, le taux de l'intérêt tomberoit de lui-même au denier 25; &, par une suite nécessaire de leur extinction graduelle, iroit toujours baissant d'année en année. Les Capitalistes, pour faire valoir l'argent au-delà des taux toujours plus bas successivement établis dans le Commerce; & les Propriétaires des biens-fonds, pour en augmenter le produit, n'auroient donc plus de moyen que celui d'employer les bras de l'Industrie, & de les propager à l'envi par des salaires & des secours proportionnés à ses besoins. Leur mutuelle dépendance, en rapprochant de plus en plus les richesses & l'indigence, accroîtroit chaque jour avec plus d'efficacité le courage & le bien-être de la classe précieuse de nos Concitoyens, qui nous fait vivre & jouir. Le bonheur se réfléchit : il n'est point d'être pensant & sensible à qui sa raison & son ame ne le disent.

(3) *Que le salut du Peuple soit la suprême Loi.* Malheur à tout Etat où ce principe est oublié : il prépare sa derniere crise à chaque pas qu'il fait. La nécessité d'une régénération, dont il peut seul être la base, seule, sans en chercher d'autres preuves, démontre assez la nécessité de s'en souvenir. Nous ne rappellerons pas moins les conférences de Gertruydenberg, & le miracle de

Ils remettoient les États *au vrai* de recette & de dépense de chaque partie de leur bail, pour servir, par leur comparaison avec ceux de la Régie, à juger chaque mois de ses progrès.

Cette mesure pareroit aux inconvéniens qu'eut la Régie de 1720; elle seroit d'autant plus efficace, que les Régisseurs ne pourroient plus espérer de devenir Fermiers, & de profiter des restes (4);

Denain. Qui aime la Vérité, sa Patrie & son Roi, ne craint que de les trahir. Si on veut la voir sortir nuement des faits, qu'on lise le *Mémoire de M. Desmarets, en 1715, & les Annales politiques de l'Abbé de Saint-Pierre.*

(4) La régie de 1720 tourna mal. Les Régisseurs, seuls surveillans de leur conduite, négligerent les recouvremens qui pouvoient être suspendus sans cesser d'être sûrs, & se chargerent de les faire pour leur compte au prix qu'ils trouverent bon dans le bail qui la suivit. On donna à ces recouvremens le nom de *Restes*. Ce que le systême de Law nous avoit laissé de principes, disparut; & nos mœurs depuis sont telles, que tout ce qui peut mener impunément à la fortune nous paroît légitime.

Iliacos intra muros peccatur & extra.

Nous gagnerions bien plus à descendre en nous-mêmes, qu'à planer dans les airs.

qu'ils ne pourroient plus avoir que l'ambition d'être Citoyens, & de se distinguer dans des emplois, auxquels seroient attachés la considération & les plus grands avantages qu'ils pussent désormais se promettre (5).

Ces avantages consisteroient en 25000 l. d'appointemens, que le Roi accorderoit à chaque Régisseur; & en une gratification ou remise de deux & demi pour cent, qui leur seroit accordée collectivement sur l'excédent du prix du bail actuel.

Le premier objet formeroit chaque année (les Régisseurs supposés au nombre de soixante) un article de dépense

---

(5) Le Grand-œuvre d'un Gouvernement seroit de faire trouver à chaque sujet son plus grand bien dans l'emploi de toutes ses facultés au plus grand bien public. Tous les sujets devenus freres, ne verroient plus dans l'Autorité qu'une mere, dont ils seroient intéressés à affermir & à étendre le pouvoir & l'influence. C'est avoir fait la moitié d'un ouvrage, que de l'avoir bien commencé.

de 1500 mille livres ; le second en formeroit un autre plus ou moins considérable en raison du bénéfice de la Régie, qu'on ne peut évaluer avec une exacte précision.

Le voile qui couvroit la manutention des Fermes est déchiré ; leur produit net, son accroissement successif, le bénéfice des Fermiers conséquemment, ne sont plus des secrets pour l'Administration. Ce bénéfice, quel qu'il soit, augmenteroit, au moins dece qu'il est, à 1500 mille livres près, les revenus de l'État : abstraction faite de ce qu'y ajouteroit la masse active de 1500 millions de capitaux en contrats au pair des especes (6).

---

(6) Ils ne seroient pas seulement au pair des especes; ils leur seroient de plus en plus préférés dans le Commerce & dans toutes les affaires; dès qu'en conséquence de l'augmentation des revenus de l'Etat, & des mesures immuables prises pour sa libération, ses Créanciers n'auroient & ne pourroient avoir que la crainte d'être trop tôt remboursés. Ce n'est point là que peuvent aboutir des vues partielles ou mobiles.

Notre numéraire, depuis le bail qui ſuivit la Régie de 1720, à peine alors de 7 à 8 cents millions, s'eſt accru ſucceſſivement & a plus que doublé : il s'éleve aujourd'hui à 2 milliards.

Ce fait poſé, que le produit net des Fermes n'excéde pas, ſi l'on veut, 164 millions.

Le produit des Impôts établis dans un État ſur les matieres quelconques de conſommation néceſſaire ou habituelle, eſt toujours en raiſon compoſée du nombre des ſujets, & des moyens reſpectifs qu'a chaque ſujet de ſe les procurer & d'en étendre l'uſage (7) :

---

(7) Ce principe eſt pris dans l'ordre naturel des choſes, & fondé ſur une expérience qu'on ne peut point ne pas voir dans l'augmentation progreſſive du produit des Fermes depuis la régie de 1720; qu'on ne peut point encore ne pas voir en portant ſes regards au-delà de nos Côtes. Notre population eſt à celle de l'Angleterre (celle de l'Ecoſſe & de l'Irlande compriſe), en raiſon de 3 à 1; & le montant de ſes conſommations, avant la baiſſe de ſes effets nationaux & l'inertie de leur cours, étoit, à-peu-près, au montant des nôtres en raiſon de 2 à 3.

quinze cents millions de capitaux assimilés aux especes (la somme annuelle de leurs coupons circulans comptée ici pour rien), en augmentant de trois quarts leur masse, ou nos moyens de nous procurer & d'étendre l'usage de ces matieres, augmenteroient donc de trois quarts ou de 123 millions le produit des Fermes. Tel seroit, au premier coup-d'œil de la Raison, le bénéfice de la Régie.

Qu'on oublie qu'il iroit toujours croissant ; qu'on ne le porte même, si l'on veut, qu'à 50 millions, prélevement fait des appointemens & de la remise accordés aux Régisseurs ; ces 50 millions, au lieu de s'engloutir dans des coffres-forts, ou d'être l'aliment d'un luxe inhumain, des petites passions, des arts corrupteurs, & des talens futiles, ajoutés aux 60 millions de rentes que l'État auroit eu éternellement à payer, opéreroient (à 11 millions près), en vingt années, sa libération, quant à cette partie de ses dettes (8) : *tandis que le ſurplus, quel qu'il fût*, circuleroit, ſinon en totalité, du moins en partie, dans les Campagnes, y ranimeroit les bras, & concourroit à lui revaloir en richeſſes réelles, par l'accroiſſement ſucceſſif des productions du ſol, ce qu'il paroîtroit perdre en richeſſes fictives, par l'extinction ſucceſſive des nouveaux contrats (9). Tout n'eſt pas dit.

* Dénomination dérivée de *Gaba*, nom de l'Hébreu, par qui elles furent ſuggérées ſous Philippe-le-Long.

Les Gabelles *, établies d'abord ſur les Cenſitaires du Domaine royal, &

---

(8) Telle, indépendamment de l'augmentation, aiſée à preſſentir, du produit de la Ferme des Poſtes, telle, diſons-nous, ſeroit la moindre indemnité de 3 millions 333 mille 333 livres de retenues, qu'auroient valu à l'Etat les rentes de LA MASSE INANIMÉE de deux milliards de contrats au denier 40.

(9) Ceux éteints, une année, pourroient (d'après les procédés qu'indique la note 6 du premier chapitre, pag. 6 & 7) être remplacés l'année ſuivante par d'autres à éteindre, juſqu'à l'époque où une Politique mûrement réfléchie ſe ſeroit, par leur extinction graduelle, ouvert un moyen efficace de rehauſſer à ſon gré leur prix ; de faire baiſſer conſéquemment à ſon gré le taux de l'intérêt des eſpeces.

bientôt après par les grands Vaſſaux ſur les leurs, empreintes de l'eſprit qui les ſuggéra médiatement après un regne qu'ont ſignalé l'altération des monnoies & les bûchers, contrarient leur objet par la diſparité barbare de leur répartition, les difficultés compliquées, les procédés tortionnaires, & les frais énormes de leur perception : leur produit net ne s'éleve pas moins à 54 *millions**: ne s'éleveroit-il pas à 70 ou 80 millions, ou même au-delà, ſi le ſel étoit débité pour le compte du Roi, ſeulement dans des magaſins conſtruits près les marais ſalans; & que le prix en fût fixé généralement pour toutes les Provinces *au quart* de ce qu'il coûte dans les Pays des grandes Gabelles (10)? L'Adminiſ-

* Compte rendu au Roi, pag. 84.

(10) *QUE LE SALUT DU PEUPLE* (comment s'empêcher de le redire!) *SOIT LA SUPREME LOI.* C'eſt, d'après ce principe de tout Corps politique où la Raiſon n'a pas perdu ſes droits, que les privileges des Pays exempts des Gabelles, ſeroient compenſés par des équivalens compatibles avec les économies & le plan uniforme d'une Admi-

tration peut, par approximation, résoudre ce problême d'après des notions sûres; & tout ce qui, parmi nous, s'affecte encore des intérêts de l'État & de ceux de l'humanité, se convaincre à vue simple, que la régie auroit moitié moins de satellites à soudoyer, & les Tribunaux de malheureux à punir (11).

Toujours un bien en amene un autre: l'engrais de nos bœufs, celui de nos moutons, l'accroissement & l'amélioration de leur laine, un préservatif efficace contre les épizooties, la fertilité de nos terres froides, une nouvelle branche d'industrie, seroient de plus les résultats du prix

---

nistration bien ordonnée. L'entiere exécution de ce plan, des vues qui le précédent, & de celles qui suivront, seroit facile au génie & à la vertu, soutenus d'une faveur constante. Le dernier Henri nous est rendu: pourquoi nous avilir jusqu'à croire qu'il ne sauroit trouver parmi nous un Sully ?

(11) L'inégalité des taxes de Province à Province sur les matieres de consommation nécessaire, est spécialement pour les Campagnes la boîte de *Pandore*. Le mal n'est entré dans le monde politique, que par les exclusions & les défenses qui contrarient la raison & l'équité naturelle.

modéré du ſel, de la liberté indéfinie de ſa conſommation, de ſon tranſport, de ſa vénalité dans tout le Royaume, & de ſon exportation. En craindre les accaparemens & les monopoles, ce ſeroit craindre que la Mer nous retire un bienfait qu'elle nous prodigue.

Il ne tient qu'à nous que le tabac ſoit indigène, ſans rien prendre ſur nos autres productions. Un Intendant Citoyen a établi cette aſſertion dans des Mémoires mis ſous les yeux du Gouvernement : *que les landes de Bordeaux peuvent être converties avec ſuccès en plantations de cette denrée.* Ne pourroit-on pas concevoir la même eſpérance de celles de Bretagne & de tant d'autres? Les moyens ne nous manqueroient plus d'obtenir de notre ſol tout ce que peut donner ſa culture.

Qu'eſt-ce qui pourroit empêcher de réunir *la Régie générale & celle des Domaines à celle des Fermes*, & d'épargner, par leur réunion, les trois quarts des frais qu'elles coûtent ? L'embarras de pourvoir aux remboursemens ne seroit plus un mur d'airain opposé au bien. Les regnes de la finance & des Banquiers seroient passés ; un papier *stérile* ne pourroit plus nous faire illusion. L'argent ne sortiroit désormais des mains de ses Possesseurs, *que pour augmenter les revenus de l'État, & diminuer le poids de nos charges.*

Il n'y auroit rien de plus à faire, pour remplir efficacement ce double objet, que de laisser, sous une Inspection attentive & severe, aux Régisseurs actuels les trois Régies réunies. On aime à penser qu'ils seroient leurs plus séveres Inspecteurs : comment pourroient-ils ne pas sentir la noblesse de leur destination ! La gloire de percevoir avec pureté les revenus de l'État & d'en vivifier les sources par des soins assidus, n'est pas au-dessous de celle des Armes & des sublimes fonctions de la Magistrature. La vraie sublimité & la vraie gloire ſont dans l'amour du bien public : l'homme le plus obſcur de la ſociété peut en être le plus grand. Nous avons tous, ſans aucune acception, un égal intérêt à nous inculquer ce principe : inculquons-nous-le donc enfin !

Une nouvelle ame animeroit nos reſſorts : les ſujets utiles ſe multiplieroient ; l'Agriculture, le Commerce, les Arts devenus pour les uns les ſeuls moyens de vivre & de ſuffire à leurs beſoins ; pour les autres, les ſeuls de faire leur fortune ou de l'accroître, feroient chaque jour de nouveaux progrès, augmenteroient chaque jour, avec les richeſſes & les revenus de l'État, le nombre des familles, leur aiſance & leur félicité. Le goût des grandes entrepriſes, l'émulation des établiſſemens reverſibles à l'intérêt général, ſuccéderoient aux goûts frivoles, & à l'épidémique fureur de s'enrichir par des moyens funeſtes, fixeroient le génie de la Nation, épureroient ſes mœurs. Un Gouvernement occupé du bonheur des Peuples, leur apprend à être justes, modérés, compatissans, laborieux : son esprit passe dans les cœurs, y fait germer les vertus qui honorent l'humanité, & sont l'égide des Empires.

Si l'on peut douter que ces vues soient accueillies, on ne doutera pas du moins que le zele le plus pur pour l'État, le desir le plus vif de sa gloire ne les ayent dictées.

Ce zele, ce desir ne dicterent point les vues qu'eut un Etranger, en inondant le Royaume d'un papier illimité faussement payable à sa présentation (12).

(12) C'est, en substituant un papier faussement exigible à un autre, conséquemment par un systême équipollent au systême de Law, que l'Angleterre avoit établi son crédit, & l'opinion de ses ressources pour le soutenir. Les prestiges n'ont qu'un tems : sa dette s'éleve à 6 milliards 120 millions de notre monnoie ; & son numéraire, à l'époque de l'insurrection de l'Amérique (un Arithméticien politique, le Docteur Price, en fit à cette époque le calcul aux yeux de l'Europe), ne s'élevoit qu'à quatre cents six millions (dix-huit millions sterling). L'argent du Mexique, l'or

Deux ſyſtêmes qui contraſtent dans leurs principes, doivent contraſter dans leurs moyens & dans leurs fins ; auſſi le ſyſtême de Law, & le ſyſtême qu'on propoſe, contraſtent-ils en tout : le ſyſtême de Law étoit établi ſur un fonds imaginaire ; le ſyſtême qu'on propoſe ſeroit établi ſur un fonds réel : dans l'un la confiance étoit forcée ; dans l'autre elle ſeroit libre : l'objet de celui-là étoit d'attirer & d'engloutir tout l'argent du Royaume ; l'objet de celui-ci eſt de le répandre & de le verſer dans les Provinces : le premier, enfanté par l'ambition,

du Bréſil, celui de l'Indoſtan ont fondu dans ſes mains ; le ſceptre des mers en eſt tombé : elle eſt aujourd'hui, ainſi que nous, tributaire de l'uſure ; mais nous pourrons, lorſque nous ſaurons le vouloir, ceſſer de l'être ; & tel eſt le terme où l'ont conduite ſes ſuccès, qu'elle ne peut plus, ſans rapprocher ſa défection, s'impoſer de nouvelles taxes pour la prévenir. Tel ſera, dans un avenir plus ou moins éloigné, le terme des ſuccès d'un Etat, qui, pour étendre ou conſerver ſa puiſſance au-dehors, en détruit au-dedans les principes & l'eſſence : *ſato potentiæ*, dit Tacite, *non ſuâ vi nixæ*.

ouvroit un champ ſans bornes à la cupidité & aux malverſations; le ſecond, enfanté par la modération & par l'amour du bien public, fermeroit, dirigé par ces principes, les voies à la cupidité & aux malverſations, produiroit l'ordre, libéreroit l'État, ſimplifieroit ſes reſſorts, doubleroit leur force, & éterniſeroit ſa durée.

Ce qui reſteroit à faire pour accélérer ſa libération, les progrès de ſa puiſſance, & notre félicité, s'offrira dans ce qui reſte à lire. Apprenons juſqu'au bout tout ce que nous pouvons.

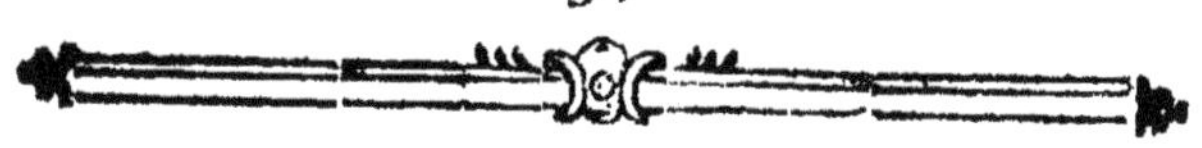

SECONDE PARTIE.

De l'essence du Domaine, & des avantages de son aliénation.

Nos Chartres, tous les monumens de notre Droit public, depuis l'établissement de la Monarchie jusqu'au treizieme siecle, s'élevent contre l'opinion de l'aliénabilité primitive du Domaine royal.

Le mot *Fisc*, sous le bas Empire, signifioit spécialement le Trésor public, & tout à la fois le Domaine foncier & inaliénable des Empereurs & de l'Empire: *Fiscus dicitur publicum ærarium, & publica ratio Principis, seu Imperii.* Lib. 49. Pandect. Tit. 14.

Nos Ancêtres, en adoptant ce mot, l'employerent à désigner *un Aleu*, ou un Domaine indépendant quelconque: *Fiscus pro re quæ fisci est, ad fiscum ſeu ad dominium alicujus pertinet* (1).

C'eſt ce que nos légiſtes & nos hiſtoriens ſemblent avoir voulu ignorer ; & leur ignorance ſur ce point les a conduits à imaginer que le Domaine de l'Empire avoit été, en vertu d'un pacte ſolemnel, transféré à Clovis avec les droits de la ſouveraineté, par l'Empereur Anaſtaſe ; & qu'inaliénable dans ſon principe, il avoit conſervé ce caractere dans les mains de Clovis & de ſes ſucceſſeurs.

Dans cette hypothèſe, nos Rois ne ſeroient comptables de ſon aliénation qu'aux ſucceſſeurs d'Anaſtaſe.

---

(1) C'eſt conſéquemment qu'on lit dans nos anciennes chartres : « *De fiſcis & villis, quas conſtat dominio » Eccleſiæ à fidelibus olim contraditas.... Reginbaldus » abbas innotuit nobis qualiter eadem fiſca ſibi pertinentia... Ad montes fiſcus Epiſcopalis... Namque idem ager Floriacenſis fiſcus regius erat...Manens juxta regii villam fiſci, quem Roſetum vocant.... » Locum Mauriaci, qui fiſcus regalis & capella Regum » Francorum eſt.* Ducange, Gloſſ. pag. 553 ».

Mais les Empereurs n'avoient plus ni autorité, ni Domaine dans les Gaules, même avant la défaite de Syagrius : & une preuve incontestable que Clovis ne tenoit point la souveraineté d'Anastase, est l'état d'infériorité où furent réduits les Romains en vertu du nouveau droit public, établi par le premier, suivant lequel il y eut une si grande différence entre le Franc & le Romain dans les compositions, dans la maniere de procéder en justice, dans les alliances, dans l'assujettissement au cens dont les Francs étoient exempts.

L'opinion la plus universellement reçue, qui veut que nos Rois tiennent leur Domaine de la Nation *à titre de dot & de substitution agnate & perpétuelle*, n'a pas de fondement plus solide : elle suppose un pacte, dont exclut l'idée le pacte rappellé dans le préambule de la Loi Salique, & dans la lettre de Saint Remy à Clovis ; celui de la confédération des Tribus Germaines, par lequel

Clovis fut élevé au Généralat & à la Royauté : à la charge de leur donner des établissemens fixes & permanens * dans les Gaules, & d'en partager avec elles, par la voie du sort, les dépouilles, les habitans & les terres.

* Elles étoient errantes : *arva per annos mutant*, dit Tacite, dans la description de leur gouvernement & de leurs mœurs.

Ce pacte eut son exécution, quant au partage des dépouilles, après la bataille de Soissons ; &, quant au partage des terres, après la conquête. Chaque lot, quant à ces dernieres & aux habitans qui y étoient attachés, fut *un fisc*, *un aleu*, ou *une seigneurie indépendante & disponible.* Tel fut, dans son principe, le Domaine de nos Rois.

Le Domaine de Clovis étoit sorti des mains de ses Descendans, lorsque Pépin monta sur le trône; & celui-ci ne transmit à Charlemagne, avec la Couronne, que le Domaine que lui avoit transmis Charles Martel. Le vaste Domaine de Charlemagne étoit, à la mort de Louis V, entiérement évanoui.

Il restoit à peine des traces de celui de

Hugues Capet, lorſque Philippe I, ſon arriere-petit-fils, commença ſon regne. Ce dernier voulut en réparer les pertes par des acquiſitions ; Bourges fut la premiere : *Rex autem videns Dominium ſuum per inſolentiam ſuorum prædeceſſorum ferè annihilatum, cupienſque illud reaugere, à quodam milite, Herpino nomine, emit Bituricas, pretio ſexaginta millium ſolidorum, anno* 1061. *Bruſſel. Tom.* 1, *pag.* 399.

Il n'étoit point encore tombé dans les eſprits, au onzieme ſiecle, non plus qu'au ſuivant, qu'il exiſtât, ni qu'il pût exiſter une loi fondamentale prohibitive de l'aliénation du Domaine royal (2).

(2) C'eſt vers la fin du regne de Philippe I, que fut réſolue, en 1095, au Concile de Clermont, la premiere Croiſade ; que le Domaine royal preſqu'anéanti, prit ſon accroiſſement, & la hiérarchie féodale ſes fondemens & ſa conſiſtance. Quelques poſſeſſeurs *d'aleus*, avant de paſſer dans la Paleſtine, les vendirent au Roi ; un plus grand nombre les mirent ſous ſa protection, ou ſous la protection des plus puiſſans d'entr'eux, & ne les tiarent

Si cette loi exiſte, les bénéfices devenus des Seigneuries héréditaires ſous la ſeconde race (3), & des Fiefs perpétuels, ſous la troiſieme, les dotations des Monaſteres & des Egliſes, tout ce que tiennent en terres de la piété & de la libéralité de nos Rois les gens de mainmorte, ſont encore une partie de ce Domaine, & doivent, par un effet néceſſaire de cette loi impreſcriptible, y être réunis, pour n'en être plus ſéparés.

---

plus qu'à titre de fiefs de ces derniers ou du Roi. *Deindè olim*, dit Muratori, en parlant de ces temps-là, *vaſſus ſive vaſſallus evadebat quiſquis regi aut pontentibus commendare ſe poterat.* (Ital. Antiq. Tom. 1, col. 549).

Les dernieres Croiſades & les Chartres d'affranchiſſement des ſerfs concoururent, ſous les regnes ſuivans, à l'extenſion & à l'affermiſſement de cette hiérarchie, devenue le principe de la ſuzeraineté de nos Rois.

(3) Les bénéfices militaires furent, ſous la premiere Race, des Gouvernemens en tout uſufruit, ou de purs dons à vie ; & ſous la ſeconde, *des aleus* ou des ſeigneuries indépendantes & diſponibles. Ceux poſſédés par Hugues Capet, avant qu'il fût Roi, formerent ſeuls, lorſqu'il le fut devenu, ſon Domaine.

Si cette loi exiſte, le Tiers-État, formé pour la plus grande partie, par des Chartres d'affranchiſſement & de bourgeoiſie, doit rentrer dans la ſervitude d'où ces Chartres l'ont tiré, pour rendre à chaque portion du Domaine ſon intégrité primitive.

Si cette loi exiſte, diſons-nous encore, & que nos Rois profitent des voies qu'elle leur ouvre, pour acquérir par confiſcation, par deshérence, par vacance de poſſeſſion de fait ou de droit, par réunion, par retrait, & par les contrats ordinaires, ils ne tarderoient pas à réunir, dans leurs mains, toutes les Seigneuries & même toutes les propriétés du Royaume.

La Monarchie la plus ſuſceptible de perfectibilité que les âges aient encore vu, pourroit donc, en ſuppoſant cette loi exiſtante, être transformée en Monarchie ſeigneuriale & deſpotique! Le zele même des gens de bien qui ont accredité l'opinion de ſon exiſtence, leur a fermé les yeux ſur ſes ſuites, pour les porter uniquement ſur un avenir idéal (4).

Ils ont argumenté, pour l'établir, de l'oppoſition que formerent les envoyés du Roi Childebert à ce qu'il ne fût rien compris de domanial dans la dot que Chilpéric I donnoit à ſa fille. Ils n'ont pas fait attention qu'il s'agiſſoit du mariage d'une Fille de France avec un Prince étranger *; que c'eſt par cette raiſon que la dot ne peuvoit pas conſiſter en Domaines & Seigneuries. Le traité d'Andely contient cette exception; il n'autoriſe à doter une fille de

* Récarede, fils de Leuvigilde, Roi d'Eſpagne, ſuivant nos chroniques.

(4) Avenir dont ils n'ont pas mieux vu les conſéquences, puiſque, dans la ſuppoſition de cet avenir tel qu'ils l'ont imaginé, nos Rois, n'ayant de revenus que ceux de leur Domaine, n'auroient plus ni troupes, ni marine, ſeroient conſéquemment néceſſités à ſubſtituer l'anarchie tyrannique du régime féodal à un Gouvernement qui peut ſeul nous mettre à l'abri de l'oppreſſion & de la conquête, lier eſſentiellement nos intérêts aux leurs, & aſſurer, en l'améliorant, notre exiſtence politique.

France en Domaines, que ſous la condition expreſſe qu'elle réſideroit en France : *Quandiu inſra regionem Francorum fuerit.*

Ils ont fait leur bouclier des Ordonnances de 1304, de 1321, de 1333, de 1356, & de 1361; des arrêtés de l'aſſemblée des trois États de 1356, de 1425 & de 1433.

Mais, 1.° Les trois premieres n'ont eu pour objet que les aliénations mal faites : *Malè alienata de Domaniis ad Domania reducenda.*

2.° Les deux dernieres, qu'on prétend avoir prohibé toute eſpece d'aliénation, n'ont point eu d'exécution : euſſent-elles eu une exécution pléniere, elles pourroient être révoquées : *Res eodem modo diſſolvuntur, quo contrahuntur.*

3.° Les fonds du Domaine étant, comme le prouvent formellement ces Ordonnances, purement diſponibles, il répugne à la raiſon de prétendre que des délibérations des trois États aient pu changer leur essence.

L'opinion de leur inaliénabilité s'est établie vers le milieu du treizieme siecle, par la méprise de nos Praticiens, qui leur ont appliqué les loix faites pour la conservation des propres & de l'intégrité des Fiefs.

Lorsque le service militaire se faisoit en personne par les vassaux, il étoit de l'intérêt du Roi & de l'État, que les Fiefs fussent conservés dans leur intégrité ; mais il ne falloit pas appliquer ce motif au Domaine royal ; puisqu'au contraire son aliénation par parcelles, à titre d'acensement, procuroit au Roi & à l'État, *sans l'amenuiser*, une augmentation de service militaire.

Jean-Juvenal-des-Ursins pose en fait, que nos Rois s'engagent, par serment, à leur sacre, à ne point l'aliéner. On trouve dans Chopin la même assertion, que M. Lebret appuie, & que démentent les actes de tous les sacres depuis Clovis jusqu'à Louis XVI.

Charles V ratifie au sien le serment qu'il avoit fait au Roi Jean son pere, de ne consentir jamais, dans aucun cas à l'avenir, à de nouveaux démembremens du Domaine, & le ratifie en ces termes : *Jura & nobilitates coronæ custodiam, & illa non alienabo, nec transportabo.* Qui ne voit que la suzeraineté & la prééminence de la Couronne furent l'unique objet de ce serment? Mais ce serment, quand même il ne répugneroit pas à l'évidence de l'appliquer au sol du Domaine, seroit dérisoire, par le seul fait des aliénations dont il a été suivi jusqu'en 1566; époque de la premiere loi, revêtue des formes, qui, après plus de onze siecles, les ait arrêtées à quelques égards.

Nos Domanistes ne veulent pas moins faire remonter son inaliénabilité à la fondation de la Monarchie.

Ils ont bien voulu, jusqu'à nos jours, qu'on crût, sur la foi d'un Anonyme

Anglois *, qu'il a exiſté une convention par laquelle tous les Souverains de l'Europe, aſſemblés à Montpellier en 1129, s'interdirent reſpectivement l'aliénation de leurs Domaines : chimere inconciliable avec leur ſyſtême ; inconciliable avec les faits les plus conſtans de l'hiſtoire de l'Europe ; inconciliable tout-à-la-fois avec le bons ſens, qui défend de ſuppoſer que des Souverains ſoient ſortis de leurs États, pour ſe mettre, d'un vœu unanime & ſans néceſſité, dans les liens de l'interdiction envers leurs ſujets.

* Auteur fantaſtique d'un ouvrage connu ſous la dénomination de *Fletta*, tirée de *the fleet*, nom de la priſon où, ſuivant Littleton, il le compoſa ſous Edouard I.

C'eſt dégrader la Majeſté royale, de mettre en principe que nos Rois ne jouiſſent de leur Domaine que comme mineurs ; qu'ils ne peuvent conſéquemment en aliéner les fonds, ni être tenus des dettes de leurs Prédéceſſeurs (5). Il

(5) Nos Rois ont pu impoſer des taxes ſur nos biens & ſur nos perſonnes ; & nous ne voulons pas qu'ils puiſſent, pour les diminuer, diſpoſer à leur gré de la glebe

n'est point à craindre que nos Rois se prévalent d'une telle prérogative, dont l'exercice, funeste au crédit public, à nos mœurs, à nos fortunes, flétriroit leur gloire. *Digna vox est Majestate regnantis, legibus alligatum se principem profiteri.* (Cod. de leg. & constit. Princip.)

Le Roi, dit Loiseau, représente l'Etat, & ne fait qu'un avec lui. Les dettes de l'Etat sont donc les dettes du Roi : &, si, attentif à la gloire & à notre félicité, il trouve bon, pour les acquitter, d'aliéner son Domaine, nous ne pouvons, sans être ennemis de nous-mêmes, nous opposer à ce que les loix prohibitives de son aliénation soient révoquées; dans l'hypothese qu'on puisse en compter d'autres que l'Ordonnance de 1566.

---

en friche ou engagée de leur Domaine ! Il semble que nous ayons mis notre gloire à abjurer la raison en ce point.

Quand sortirons-nous de nos langes? Notre virilité ne seroit pas prématurée.

Mais le Domaine, dit-on, releve la ſplendeur de la Maiſon royale, fournit des apanages aux Fils puînés de nos Rois; & c'eſt à ſon anéantiſſement qu'on doit imputer la chûte des deux premieres Races. Cette objection n'eſt pas mieux réfléchie que tant d'autres.

Qu'on ſuppoſe le Domaine entier aliéné par acenſement; les productions de chaque portion de ſon territoire, ſeroient répréſentées par des cenſives (6) & des droits de mouvance plus qu'équivalens, mieux aſſurés, d'une perception plus ſimple & moins coûteuſe; en conſéquence plus éminens & plus utiles. La ſplendeur de la Maiſon Royale & la dignité des Apanagiſtes tireroient donc un nouvel éclat, & tout-à-la-fois un accroiſſement de

(6) Les cenſives devroient être légeres: ce que le Roi perdroit à leur modicité, il le retrouveroit avec avantage aux mutations, dans le rehauſſement des prix du ſol.

revenus,

revenus, de ſon aliénation en cette forme (7).

Ce n'eſt donc pas de l'aliénation du Domaine matériel qu'eſt venu la chûte des deux premieres Races, mais de ce que l'aliénation des dignités, des ſeigneuries, des droits régaliens même, fût une ſuite de l'aliénation des fonds de terre.

La plus grande partie de ce que les derniers Prédéceſſeurs de Charles IX n'en aliénerent pas, eſt paſſée, depuis ſon Ordonnance, dans les mains d'Engagiſtes intéreſſés à la dégrader, pour que le Roi n'ait point d'intérêt à l'en retirer. C'eſt à quoi ont abouti & dû néceſſairement aboutir les ventes à faculté de rachat, autoriſées par cette Ordonnance; d'où il arrive que ces

(7) Chaque portion du Domaine, aliénée par accenſement, ſeroit un Fief immédiat que le Roi & les Apanagiſtes pourroient faire rentrer dans leurs mains à chaque mutation, s'il étoit déſormais poſſible qu'ils trouvaſſent plus convenable ou plus utile de l'y retenir. Que veut-on davantage?

ventes, faites à vil prix pour un temps indéterminé (8), ont néanmoins pour le Roi l'effet des ventes perpétuelles, sans donner ouverture aux droits de mouvance; d'où il arrive encore que les Officiers du Domaine, qui n'ont point d'intérêt à sa conservation, le perdent tellement de vue, qu'il est facile à la plupart des Engagistes de le dénaturer & de le confondre avec leurs biens patrimoniaux (9).

---

(8) Les Engagistes, qui méritent des égards particuliers par leur naissance ou par leurs services, pourroient obtenir de la bonté du Roi ou de sa justice, selon les cas, à de moindres prix, ou sous de moindres redevances, la propriété incommutable des portions qui leur ont été transmises par leurs Auteurs, ou dont ils sont légalement cessionnaires.

(9) La Hierarchie des ressorts & des mouvances, ce lien nécessaire au maintien de l'harmonie & de l'ordre public, seroit anéantie, si l'Ordonnance de 1566 étoit pleinement exécutée. Il n'est pas besoin, pour s'en convaincre, d'avoir sous les yeux l'Ordonnance du mois de Février de la même année, ni les Ordonnances & Déclarations de 1574, 1591, 1613, 1641, 1672, 1704 & 1708, qui y ont dérogé par des exceptions & des modifications différentes : il n'est besoin que de l'approfondir.

Ainsi dépérissent & se perdent les fonds d'un Domaine, dont les revenus, suffisans autrefois au soutien & à la majesté du trône, ne tiennent plus lieu de rien, ou presque de rien à nos Rois (10); tandis que leur aliénation par petites portions (11) dans la forme qu'on propose, en assurant leur amélioration, augmenteroit, avec leur produit naturel, la masse des richesses de l'Etat; & que leur prix, payable, à l'option des Acquéreurs, en especes ou en nouveaux contrats remboursables, à la premiere année, & graduellement ès années suivan-

(10) Les terres domaniales, qui ne sont point sorties des mains du Roi, ne donnent plus, les apanages à part, qu'un revenu de 1500 mille liv.; & celui des forêts mal aménagées & point repeuplées sera bientôt *négatif*, si elles ne passent point (toutefois sans être soustraites aux réglemens) dans des mains immédiatement intéressées à les conserver & à les mettre dans la plus grande valeur possible.

(11) On ne sauroit trop diviser le sol du Domaine en l'aliénant, soit pour l'améliorer & en augmenter les produits; soit pour en faciliter les mutations, & augmenter le produit des mouvances. Qu'on nous entende.

tes, à leurs échéances reſpectives (12), accéléreroit avec d'autant plus d'efficacité ſa libération *, qu'il ſeroit porté, à la chaleur des encheres, au-delà du triple de ce qu'il pourroit jamais l'être dans aucun autre temps. Un crédit, qui n'auroit de bornes que celles que la modération & la ſageſſe lui auroient marquées (13), ſeroit une ſuite néceſſaire de cette option. L'ordre naîtroit du cahos.

* On entend toute juſtice envers les engagiſtes préalablement remplie.

La gloire de l'Etat & notre félicité s'éleveront à leur comble, lorſque nous aurons obtenu de notre raiſon le ſacrifice des préjugés qu'elles en exigent.

---

(12) Si l'on veut ſuppoſer que le prix des portions libres du Domaine ne ſeroit payé qu'en nouveaux contrats : dans cette hypotheſe, la pire en apparence, & la plus favorable qu'on puiſſe imaginer ; ce que l'Etat, pour les amortir, auroit de moins à prélever ſur ſes revenus courans, il l'auroit de plus pour avancer l'extinction de ſes dettes les plus onéreuſes ou les plus urgentes. La vente des portions engagées auroit ſucceſſivement ſon tour. On ne parvient que par degrés à tout le bien poſſible.

(13) Rien de trop. La perfection, en tout genre de biens, eſt le milieu entre l'excès & le défaut.

TROISIEME PARTIE.

Impot supplétif de la Capitation, de la Taille, des Vingtiemes, des Aides, des Traites & Péages, &c.

Un dernier moyen donneroit aux resſorts politiques, phyſiques & moraux, le plus haut degré poſſible de force & d'énergie (1).

Ce moyen feroit un Impôt dont la répartition fût néceſſairement équitable, & la perception inſenſible; & qui, *légalement* ſubſtitué à la Capitation, à la Taille, aux trois Vingtiemes, aux Ai-

(1) Qu'on veuille bien, avant d'aller plus loin, ſe pénétrer profondément des notes 3 & 4 du chapitre deux (pag. 9 & 10), 2 & 5 du chapitre quatre (pag. 18 & 20).

des (2), aux Traites & Péages (3), pût donner un montant de plusieurs millions au-dessus du montant combiné de leurs produits respectifs.

C'est un fait que l'Auteur des *Observations sur le commerce des grains*, atteste, sur la foi du Gouvernement, d'après des états vérifiés par ses ordres : que *le montant de la consommation du bled dans le Royaume est de* 1368 *millions* 500 *mille livres, en évaluant le pain à* 2 *sols* 6 *deniers la livre.*

Cela posé, un Impôt de 6 deniers perçu sur chaque livre de bled à moudre, donneroit (on peut le calculer) un produit de 273 millions 700 mille livres (4).

---

(2) Impôt partiel & circonscrit, ainsi que les Gabelles, accablant pour les anciennes Provinces, consenti librement par la Nation après la bataille de Poitiers, & qui ne devoit avoir que la durée des calamités de l'Etat.

(3) UN PLAN AUSSI SIMPLE QUE GRAND SEROIT DE RENDRE LA CIRCULATION INTÉRIEURE ABSOLUMENT LIBRE. Compte rendu au Roi, pag. 90.

(4) Un Citoyen vertueux & plein de vues analogues

Qu'on porte, si l'on veut, à 6 millions 700 mille livres les frais de sa perception : son produit net seroit de 267 millions (5), dont cent quatre-vingt au

---

à ce caractere, feu le Chevalier de Forbin, a mis, le premier, au jour l'idée de cet Impôt, dont il vouloit, en le portant au double de ce qu'on le porte ici, faire un Impôt suppléetif de tous les autres. Son ouvrage, calqué sur le plan de l'Administration municipale de Marseille, où il le fit imprimer en 1762, a pour titre : *Impôt unique établi par la raison.*

(5) Les revenus de l'Etat, par la substitution de cet impôt, ne passeroient plus par des filieres ; & sa perception, en la réunissant à la Régie des Fermes, seroit bien moins coûteuse qu'on ne le suppose. Elle se feroit immédiatement par les Meûniers, au moyen d'une légere rétribution, sur les certificats des pesées qu'un Officier municipal, préposé à cet effet dans chaque Chef-lieu, Ville, Bourg, ou Village, auroit faites & enrégistrées des quantités de bled à moudre. Les Meûniers seroient en conséquence tenus de compter de son produit à la volonté des Commis ambulans des Fermes, chargés de les surveiller, & de surveiller tout-à-la-fois les Certificateurs : Chaque Citoyen, la société entiere, mue par le motif le plus puissant qui ait jamais pu la mouvoir, les surveilleroit tous ; & l'intérêt des Particuliers qui pourroient être tentés *de frauder*, ne seroit point assez important pour les déterminer à compromettre leur liberté, leur honneur

plus remplaceroient le montant combiné de la Capitation, de la Taille & des Vingtiemes (6); & dont quarante, en remplaçant les produits réunis des Aides, des Traites & des Péages, briseroient nos dernieres entraves, acheveroient de nous rendre entiers à nous-mêmes.

& leurs fortunes. C'est ce que l'éloquent Ex-Directeur a dédaigné de voir ou d'entendre. Les gens d'esprit dédaignent les simples conceptions du bon sens.

(6) Les impositions perçues en 1781, par les Receveurs-généraux, montoient à 148 millions 590 mille livres *; & les sommes versées au trésor royal, en la même année, par les Trésoriers des pays d'Etats, à 8 millions 553 mille livres **; ensemble conséquemment à 157 millions 143 mille livres.

* Compte rendu au Roi, pag. 105.

** Pag. 108 du même Compte.

Ainsi, lorsqu'une théorie, antipode de celle du Chevalier de Forbin, avoit porté le prix du pain à 4 sols la livre, conséquemment à 6 liards au-dessus de son prix actuel, la surcharge de la Nation fut de trois cinquiemes de 1368 millions 500 mille livres, ou de 821 millions 100 mille livres, dont 157 millions 143 mille livres l'eussent, avant l'établissement du troisieme Vingtieme, affranchie *de la servitude de corps & d'héritage* : caractere inhérent à la Capitation, à la Taille, aux Vingtiemes, à tout Impôt direct sur les personnes & sur les propriétés foncieres, même abstraction faite de l'injustice inévitable de sa répartition.

Que la tortueuſe & atroce chicane fût bannie des Tribunaux ; que les ſueurs & le ſang des Peuples ne fuſſent plus le prix de leurs jugemens toujours tardifs, trop ſouvent arbitraires : 22 millions au plus ſuffiroient aux frais de cette réforme, inſéparablement liée à nos mœurs, à la ſûreté de nos fortunes, & au repos de nos vies ; ſuffiroient en même-temps au remplacement des produits réunis du Timbre, & d'une hydre de taxes burſales, que la néceſſité ceſſeroit de juſtifier.

Reſteroient vingt-cinq millions, deſquels quinze compenſeroient largement les ſiniſtres produits des Loteries & du Mont-de-Piété ; & dix employés à rapprocher les Provinces par des canaux & de nouvelles routes, en feroient, ſous peu d'années, un tout élaſtique, un enſemble animé & indeſtructible.

Qu'on laiſsât ſubſiſter, ſeulement à raiſon des tarifs actuels, les douanes établies aux ports de mer & aux frontieres, ſur les matieres à exporter & ſur celles qui ſeroient importées ; le montant combiné de leur produit donneroit viſiblement à l'Etat un ſurcroît de revenu de pluſieurs millions, qu'augmenteroient graduellement, chaque jour, des échanges plus multipliés & une plus grande conſommation de ces matieres. Nous aurions plus de ſignes de leur valeur, que n'en peut avoir l'Étranger, conſéquemment des moyens efficaces d'en arrêter l'exportation juſqu'au niveau de nos beſoins ou de nos jouiſſances (7) : La liberté indéfinie de leur exportation ſeroit par le fait ſtrictement limitée à celle de notre ſuperflu. Pour détruire les Accapareurs, il n'y auroit qu'à les laiſſer faire : nous ſerions délivrés des Loups ſans avoir mis leurs têtes à prix.

Un nouveau feu ſe répandroit dans les campagnes ; rien déformais n'y feroit

(7) Bien des gens penſent que les trois quarts de nos denrées, en facilitant leur circulation autant qu'il nous feroit poſſible, ſuffiroient à nos beſoins & à nos jouiſſances, même dans nos pires récoltes.

perdu (8) : Tout y tendroit continument à accroître le nombre des Consommateurs & la masse des denrées; conséquemment à augmenter chaque jour le produit, & à diminuer le poids d'un Impôt qui, réparti avec égalité & perçu sans contrainte sur l'universalité des individus (9), ne seroit senti par aucun.

---

(8) On suppose ici les Gabelles modifiées d'après le plan indiqué au chap. 4 pag. 17 : on y suppose encore que les corvées, ni aucune espece de *servitude* personnelle ou *réelle*, irrachetable, ne défigureroit plus notre législation ; que ces traces de la barbare stupidité de nos peres en seroient effacées. Ce n'est qu'en les effaçant, que l'esprit régénérateur de l'Edit du 10 Août 1779 peut être complettement rempli. Un Etat, qui veut consolider sa base & se perpétuer, doit attacher à la culture de son sol, par l'expectative & l'attrait de la liberté personnelle & du droit absolu de propriété, le plus grand nombre de sujets possible. Et le gouffre des Provinces, de leurs richesses & des mœurs, s'étend de plus en plus chaque jour ! Qu'il nous faut revenir de loin pour arriver au bien !

(9) Les journaliers de tous métiers, réduits, dans la plûpart des Provinces intérieures, à se nourrir de pain de seigle ou d'orge, de farine de bled noir & de maïs, de pommes de terre & de châtaignes seroient, seuls,

Il ne ſe fait ſentir qu'aux Etrangers en Hollande où les grains viennent du dehors, quoiqu'il y ſoit porté à 3 florins & autant de ſchelings par quintal, ou à 6 liards 1 denier de notre monnoie par livre de farine : il ſe compenſe entre ſes habitans laborieux par la réciprocité des prix plus hauts des ſubſiſtances & de la main-d'œuvre, & y eſt *zéro* pour tous. Réduit à moins d'un tiers parmi nous que la nature attend pour multiplier à notre égard ſes bienfaits *, & dont nous trompons l'attente dans la crainte trop fondée & que nous n'aurions plus d'aggraver notre joug par nos travaux & par nos dépenſes (10) : il ne s'y feroit

* On compte, dans le Royaume, 40 millions d'arpens de terres marécageuſes, ou délaiſſées.

---

exempts d'un Impôt, qui, en les affranchiſſant des taxes arbitraires qu'on arrache à leur miſere, exciteroit, chaque jour, leur émulation & leur courage à le partager. Qui pourroit être tenté de s'y ſouſtraire !

(10) Les laboureurs conſéquemment trouveroient, dans leur terre natale, les moyens de ſuffire, par leur travail, à leurs beſoins, & ne ſeroient plus néceſſités à venir ſe corrompre dans les villes, ou à périr dans des hôpitaux. Nous n'aurions donc plus, pour détruire la men-

ſentir, chaque jour, que par la ceſſation abſolue du poids de nos charges. Il faut le démontrer.

Nous ne craindrions plus *d'aggraver notre joug*, en arroſant la terre de nos ſueurs; & l'abondance de ſes productions (cette crainte écartée), en nous donnant chaque jour de nouveaux moyens, nous donneroit chaque jour une nouvelle énergie pour les accroître.

Que la maſſe collective du bled dans le Royaume (l'accroiſſement du ſurplus de nos denrées à part) ne fût accrue que *d'un cinquieme;* le prix commun du pain aujourd'hui de 2 ſols 6 den. la livre dans les Provinces, baiſſeroit dans la

---

dicité, qu'à forcer les vagabonds gangrénés à des travaux utiles; &, pour mériter le nom d'hommes, qu'à aſſurer aux vieillards & aux infirmes, dénués des moyens de ſoutenir leur vie, une ſubſiſtance humaine dans des aſyles où ils ne fuſſent point entaſſés, & où ils puſſent reſpirer un air pur. Une grande Nation eſt une famille immenſe, dont les Membres, liés par des nœuds ſacrés, ſe doivent ſolidairement des conſolations & des ſecours dans les malheurs de la vie.

même proportion; &, au lieu d'être de 2 sols, seroit, combiné avec l'impôt supplétif, de ce qu'il est aujourd'hui : de 2 sols 6 den. la livre, qui, eu égard à l'augmentation des salaires de la main-d'œuvre, n'équivaudroit pas même à 2 sols actuels pour les Journaliers de toute espece.

Ce n'est pas tout : cet Impôt, qui nous rendroit *gratuitement* nos propriétés à nous-mêmes, & nous racheteroit de tant d'autres, auroit encore l'avantage de n'être point susceptible d'extension arbitraire. Nous n'aurions désormais que la crainte d'être ingrats, & l'Autorité seroit irrésistible, sans nous asservir (11). Nous serions, en tous points *,

(* On suppose encore ici la double formation de nos Corps Militaires de terre & de mer, & leur Tactique respective perfectionnées autant qu'elles pourroient l'être.)

(11) Les mœurs, les vertus, la vraie élévation ne furent jamais compagnes de la servitude; & une Nation ne sera constamment heureuse & puissante, qu'autant qu'elles seront la base constante de sa félicité & de sa puissance. Les intérêts du Souverain & les intérêts des Sujets sont donc essentiellement indivisibles. Tel est, sur toutes les autres formes de Gouvernement, l'avantage inappréciable de la Monarchie ramenée à ses vrais principes.

la premiere Nation de la terre (12); & nous le ſerons ! Cette gloire nous attend ſous un Roi qui n'en connoît de vraie que celle de régner ſur un Peuple libre, heureux & fidele.

SIC ITUR AD ASTRA.

(12) Un Légiſlateur, dont les loix tendroient à élever le génie & l'ame des Peuples, ſeroit le plus beau préſent que, depuis le premier moment des ſiecles, le Ciel eût fait aux hommes. Quel modele pour les Maîtres du monde !

FIN.